Résilience

ADAGP © (copyright) Ksenia Milicevic

Ksenia Milicevic

Il était une fleur …

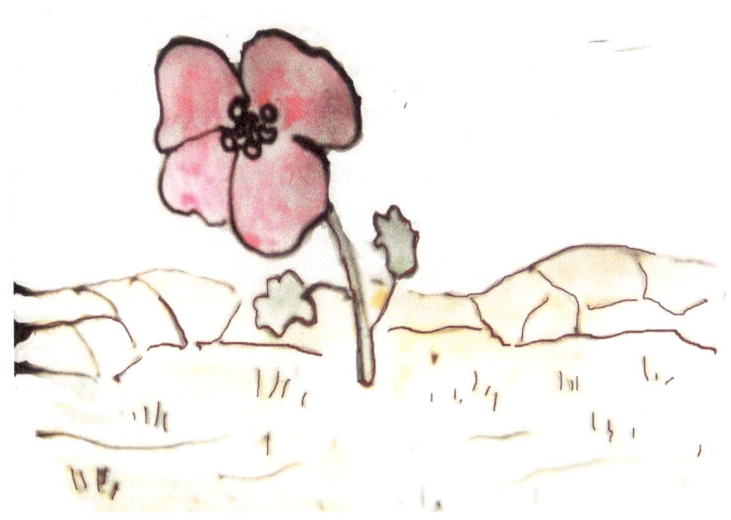

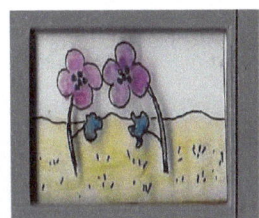 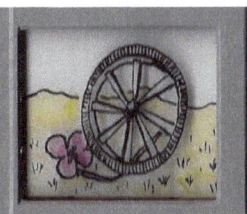 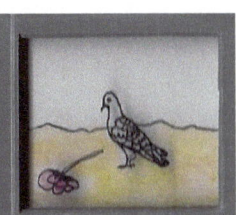

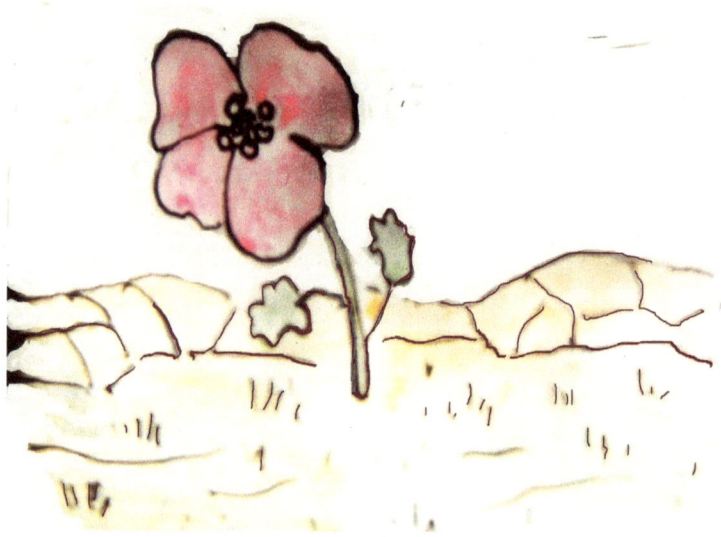

Moi

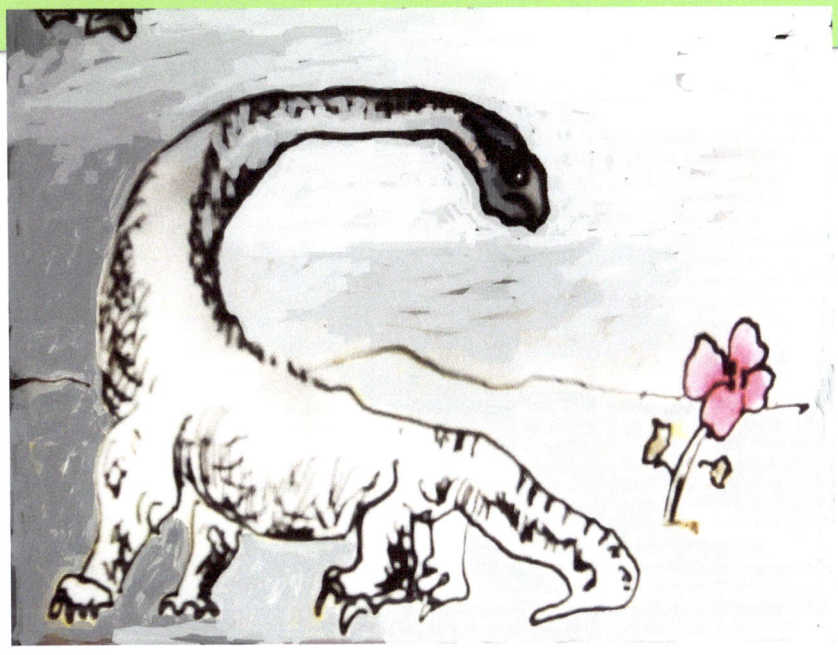

Dinosaure

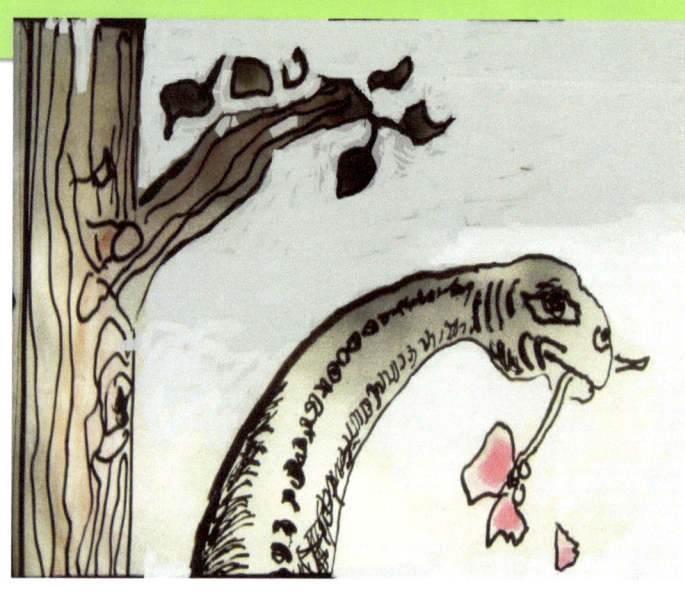

Miam, miam

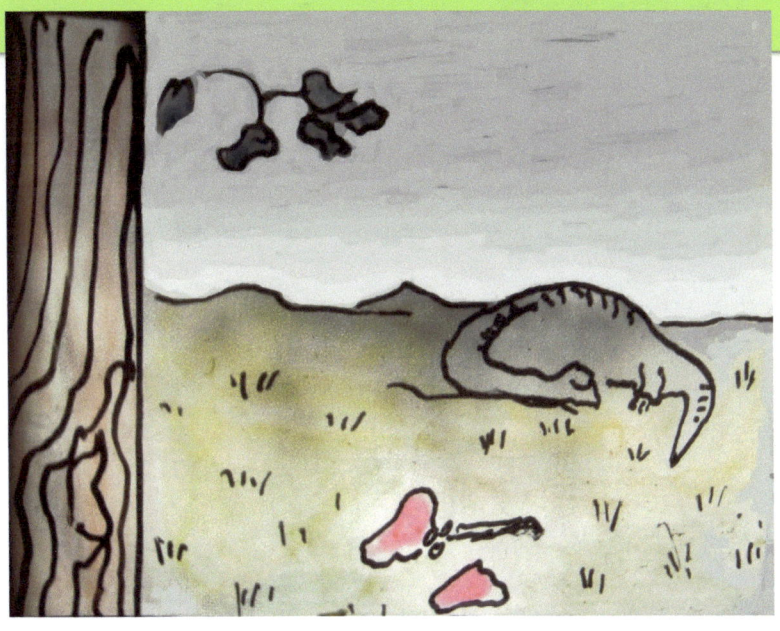

zzz...

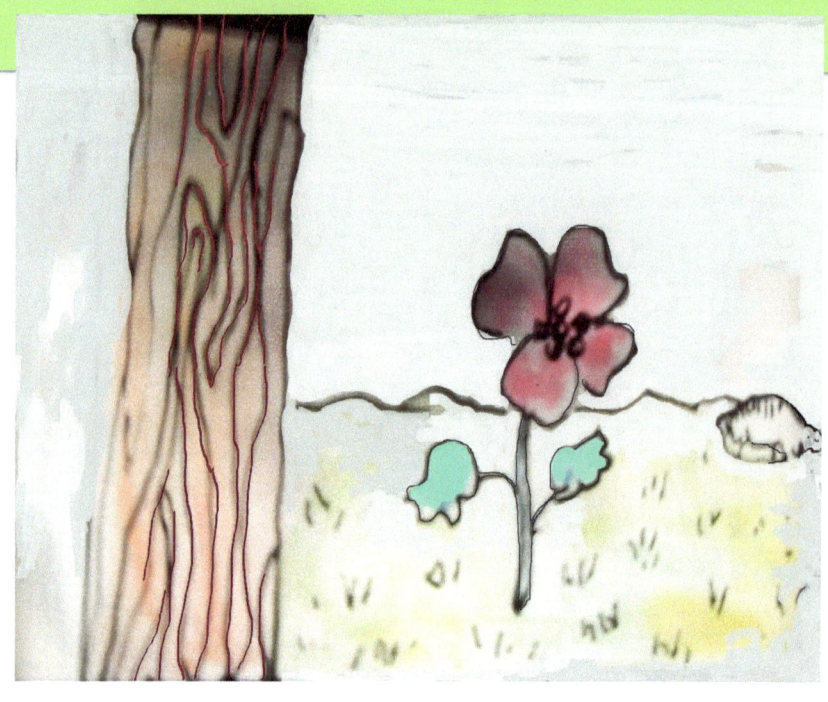

Ouf !

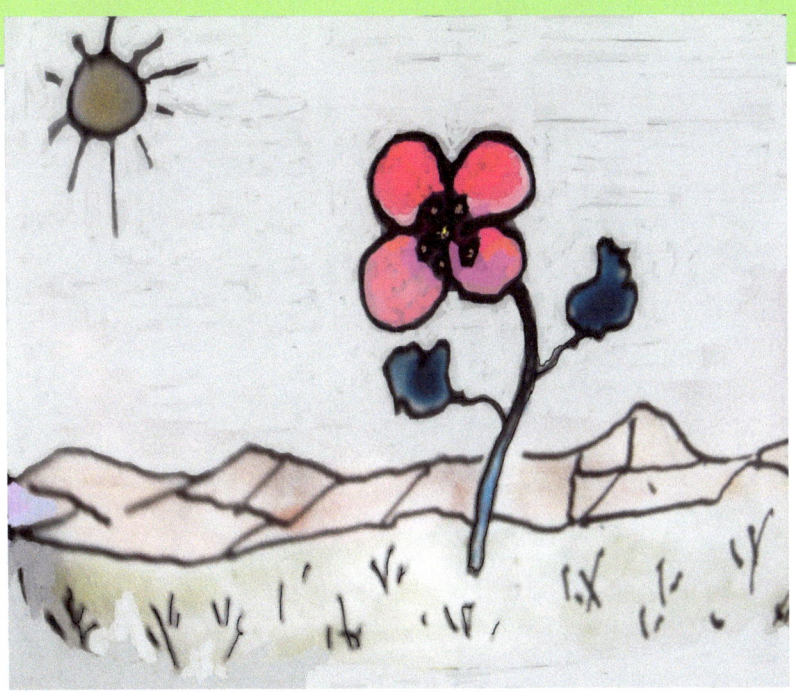

Soleil

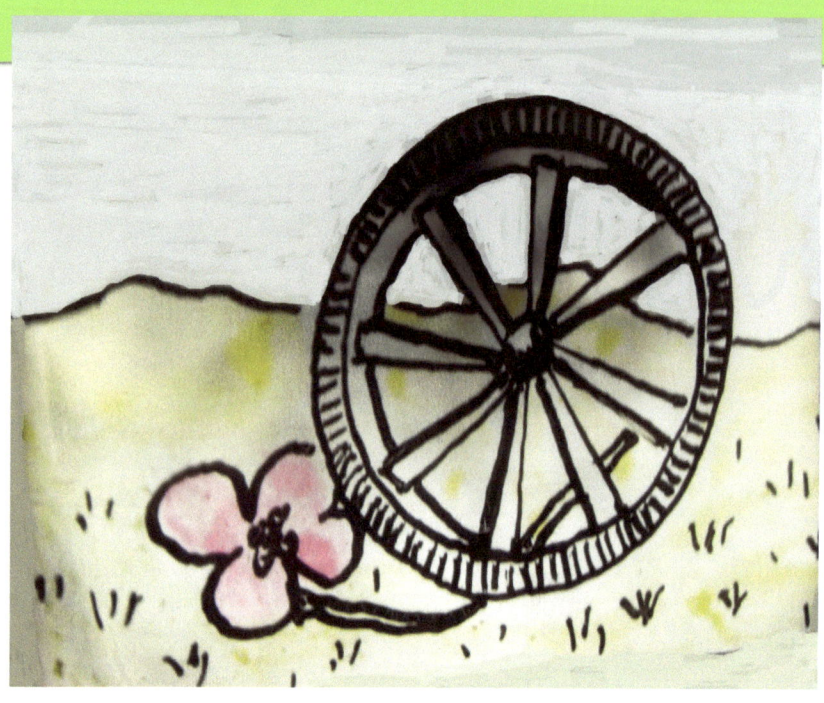

Bang !

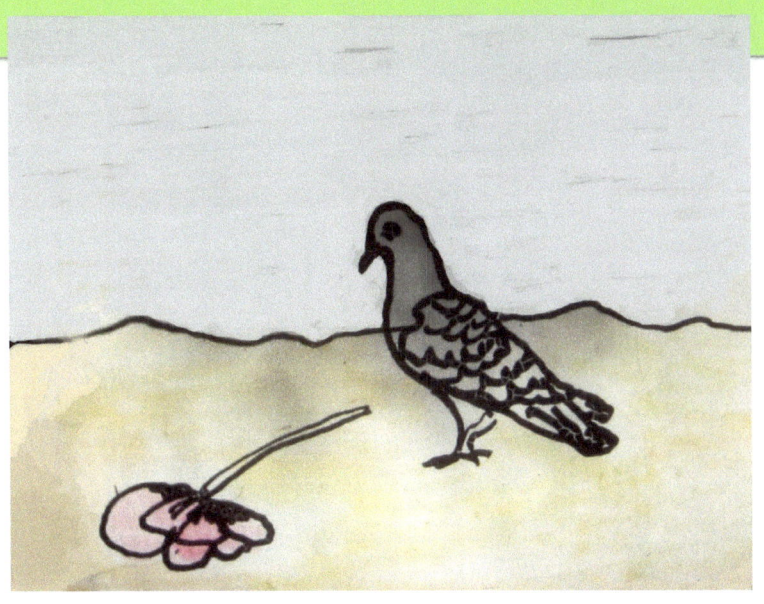

Gentil pigeon

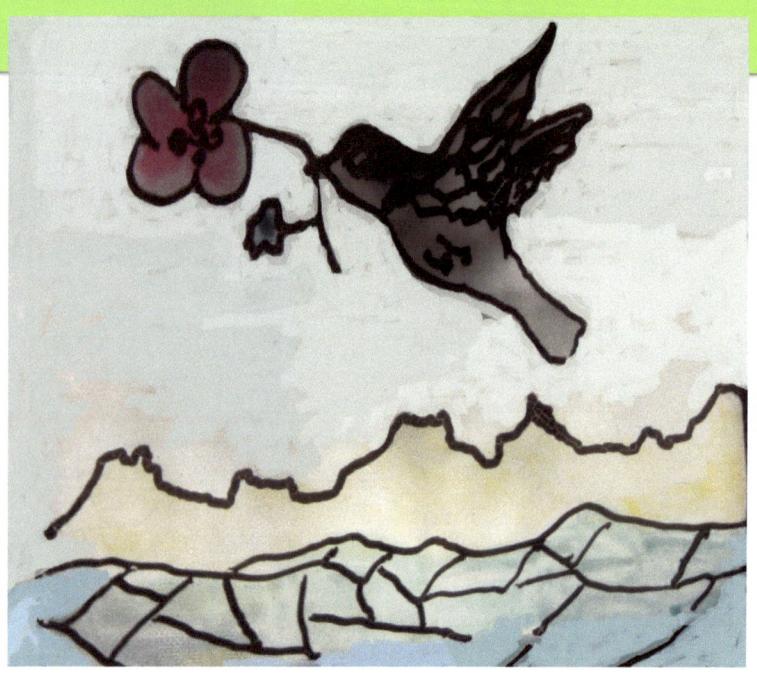

Au-delà des mers

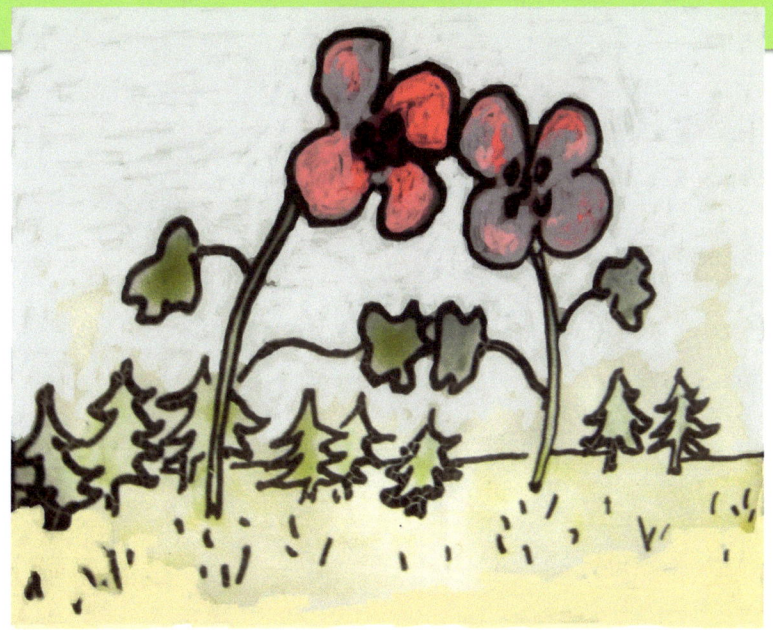

Bonjour

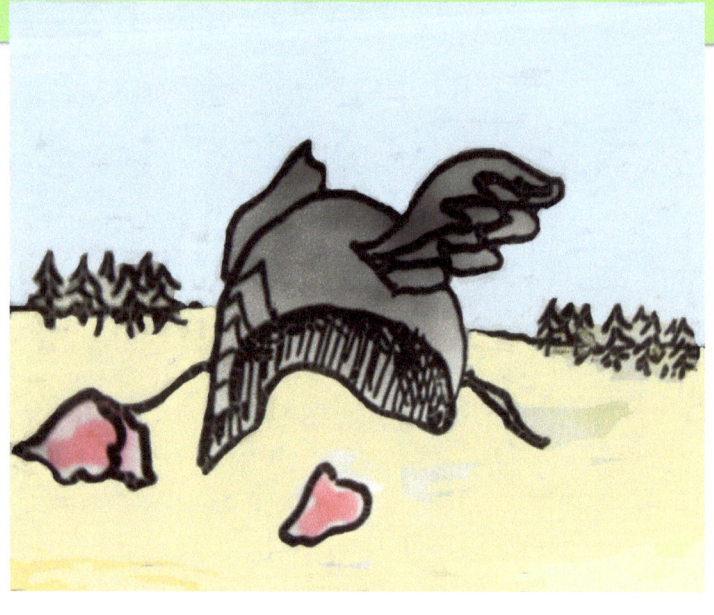

Dring

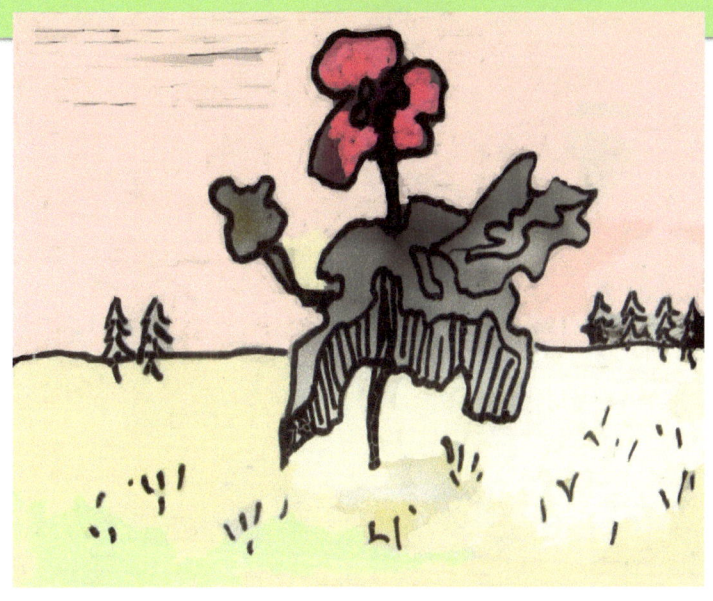

Eh bah !

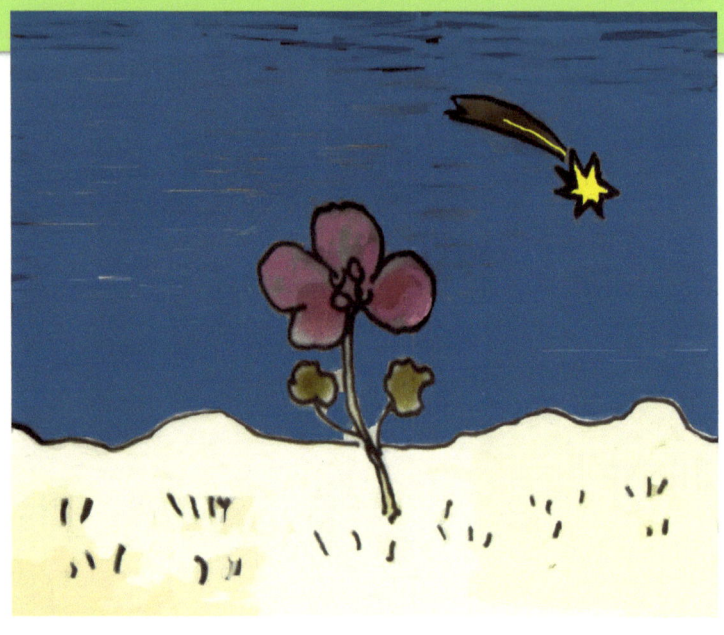

Tiens, une bonne nouvelle !

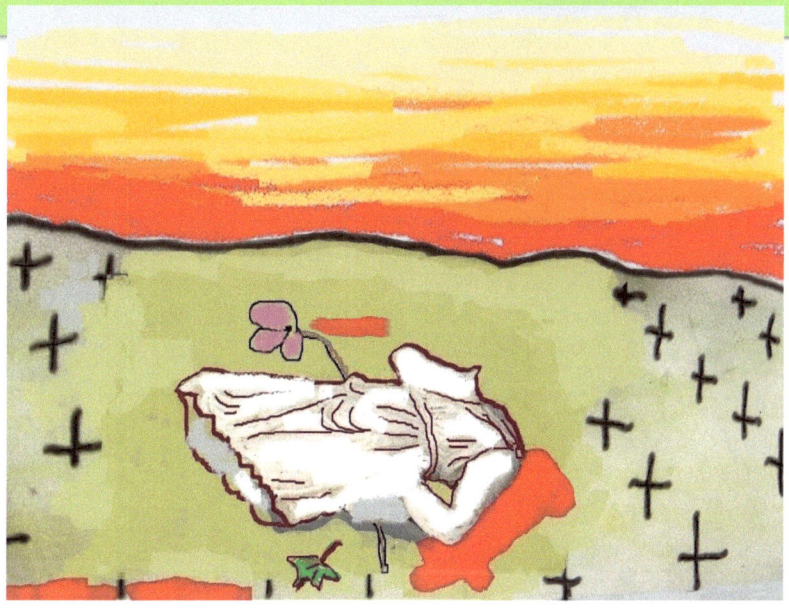

Encore !

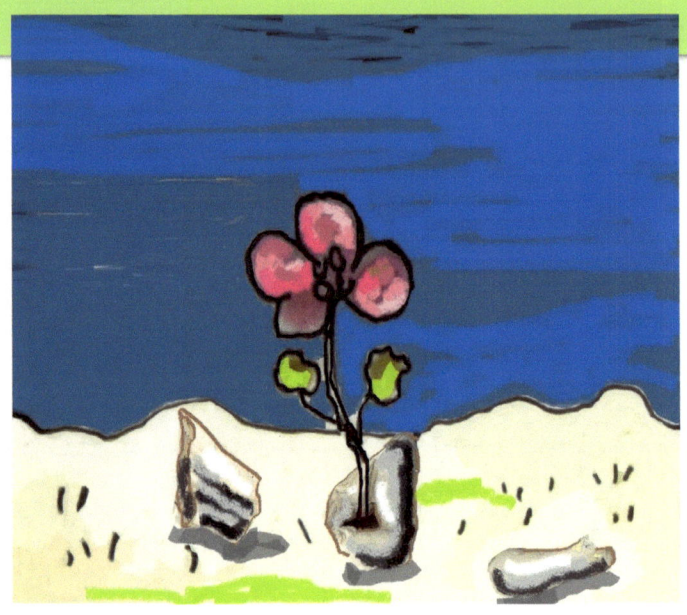

Aïe

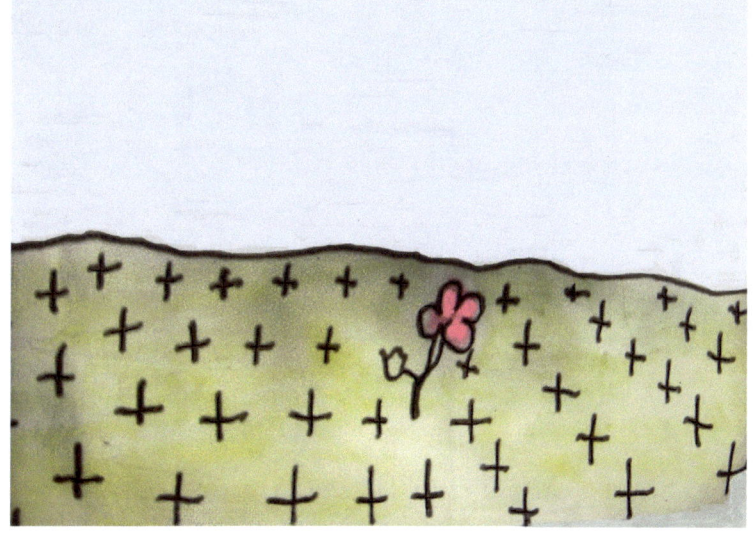

Tant de croix !

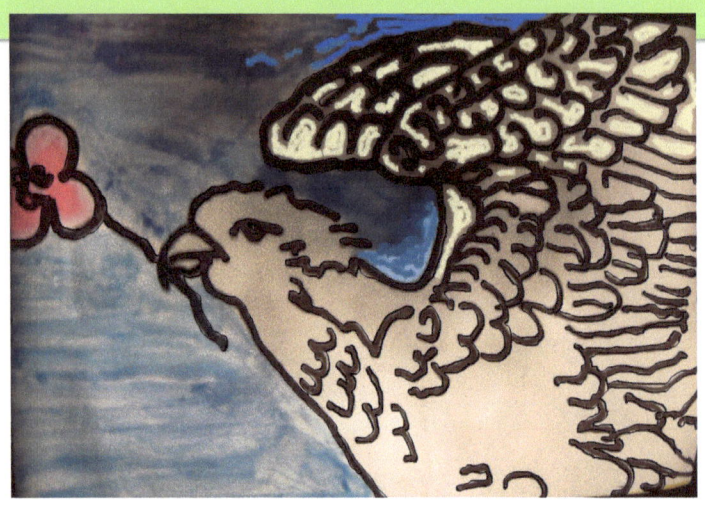

Être ailleurs ...

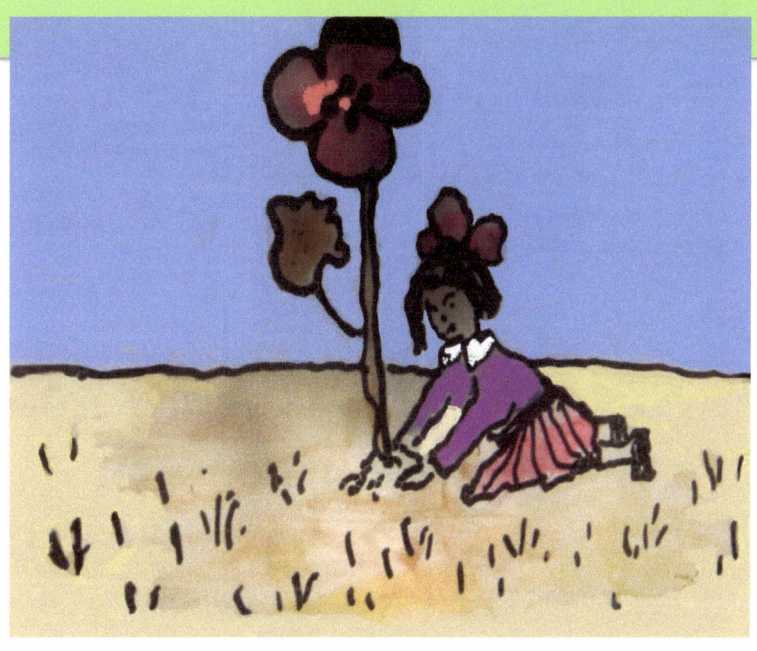

Études peut-être

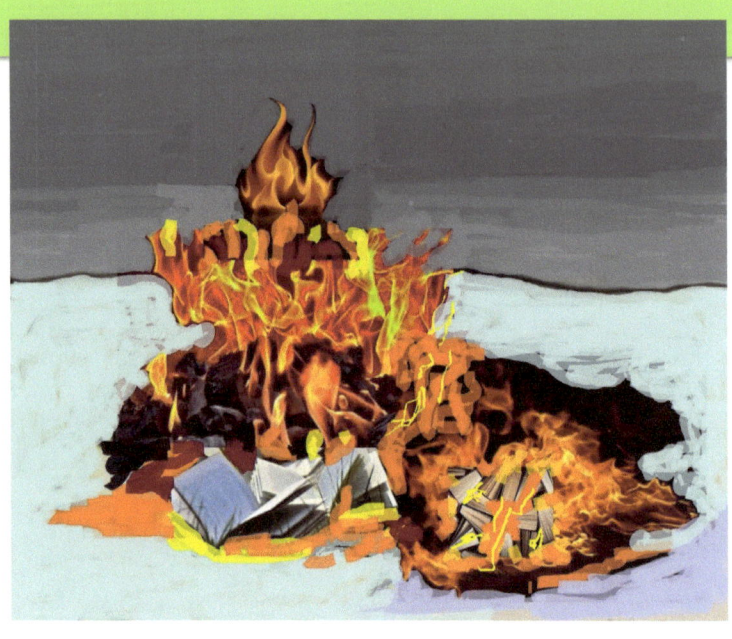

Badaboum

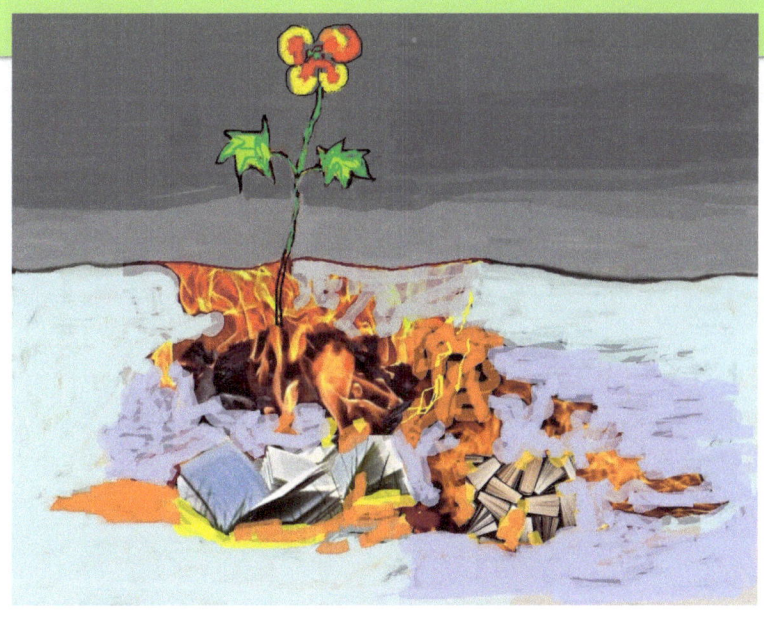

Ça recommence

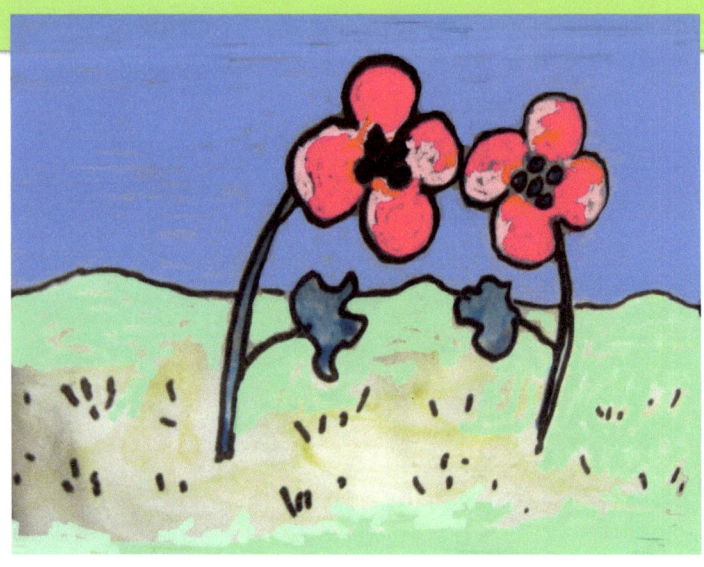

Amour

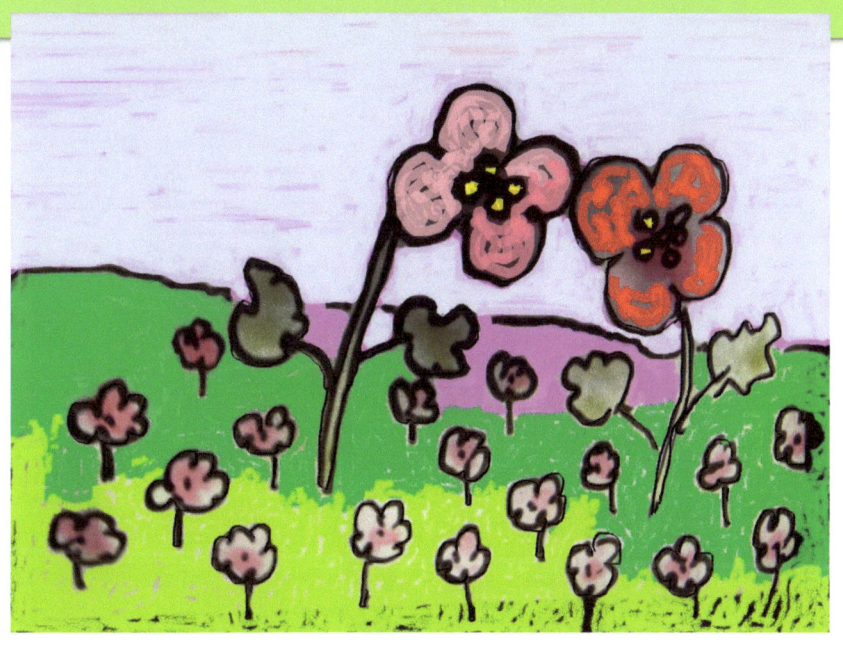

Et eurent beaucoup d'enfants

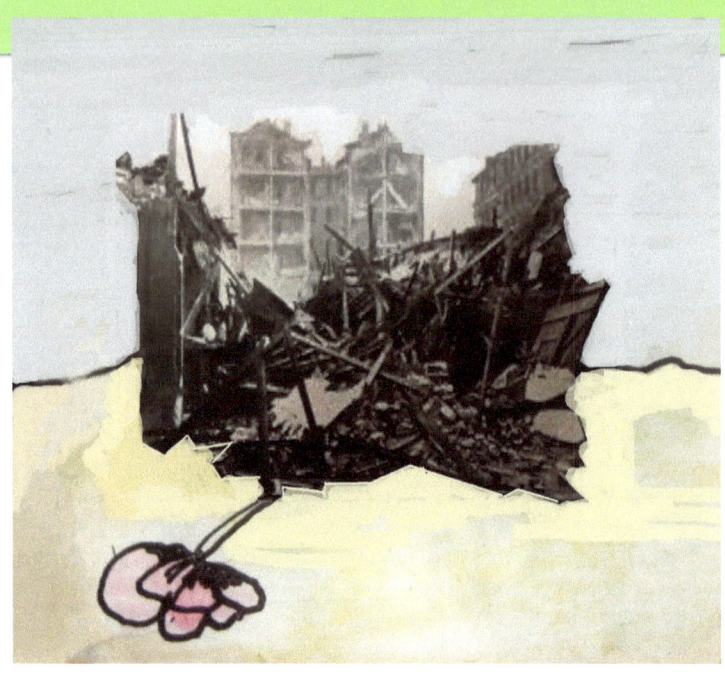

Mais...

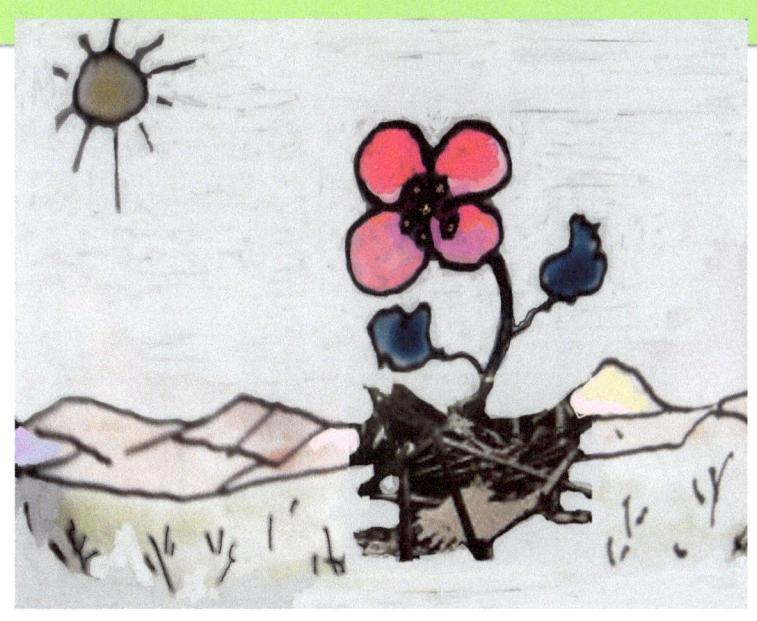

Boum-boum-boum

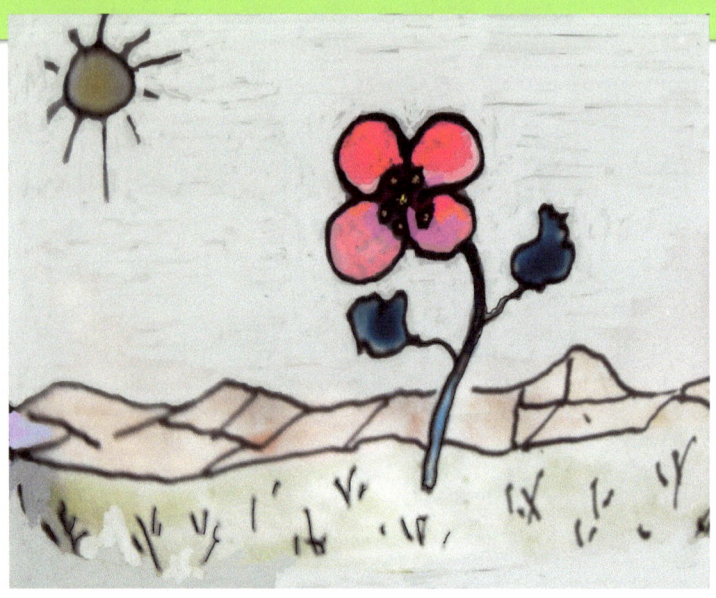

Soleil

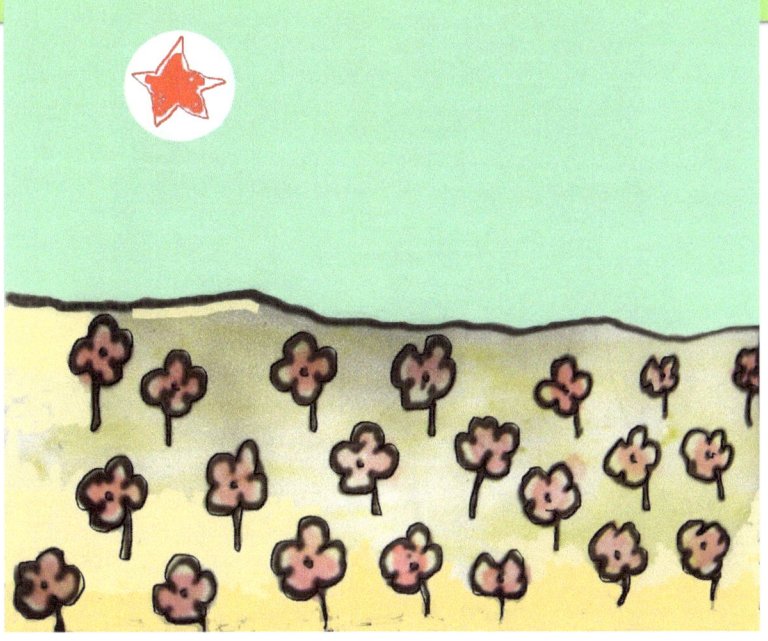

Étoile rouge !

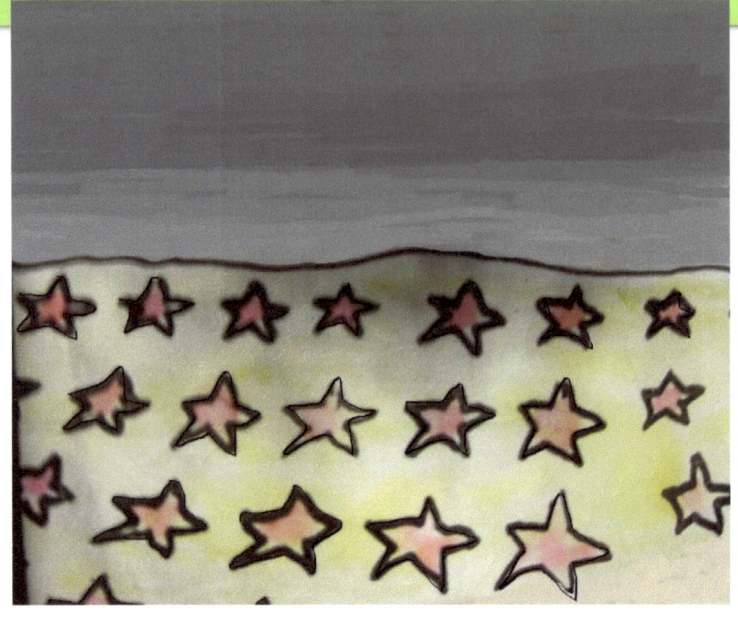

Tous ensemble !!!

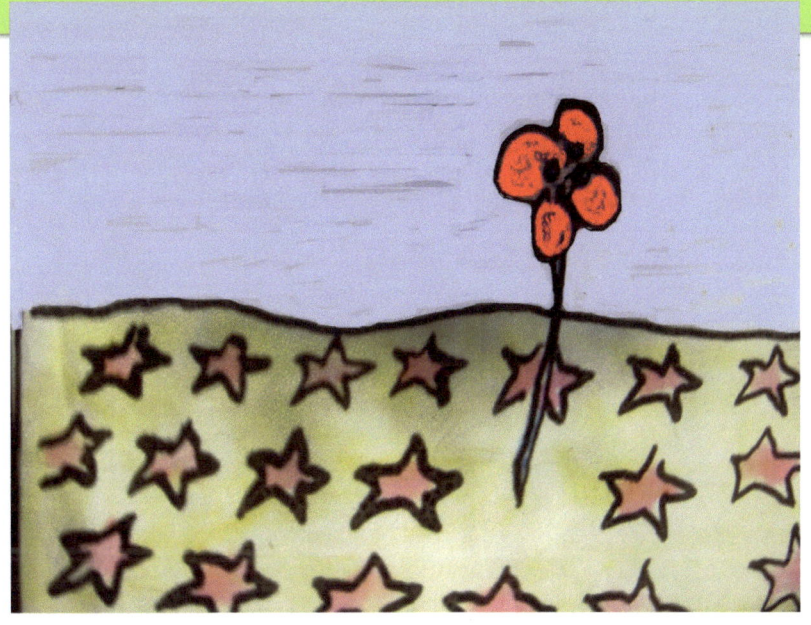

Plus personne

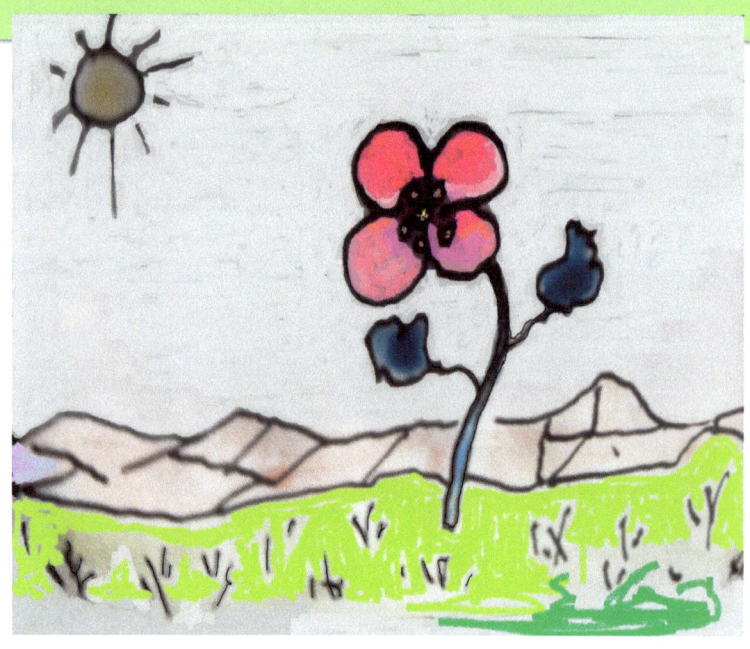

Soleil

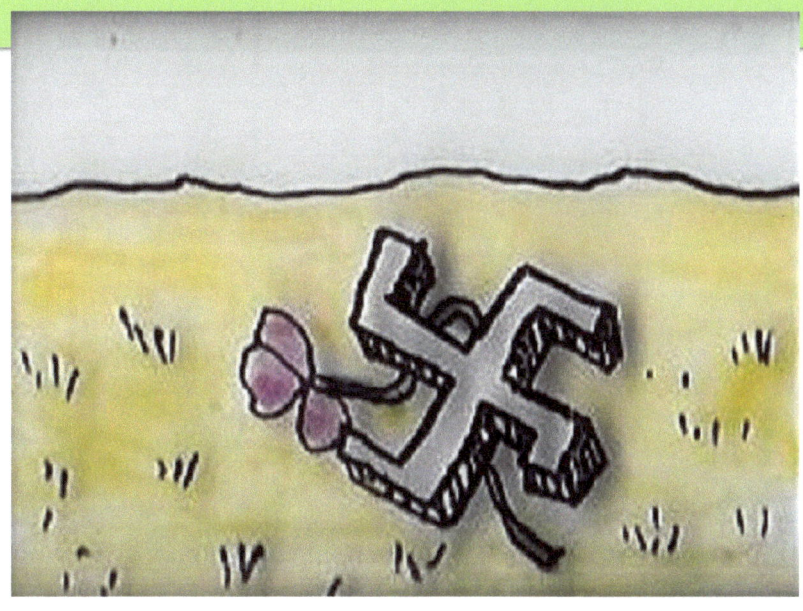

La guerre

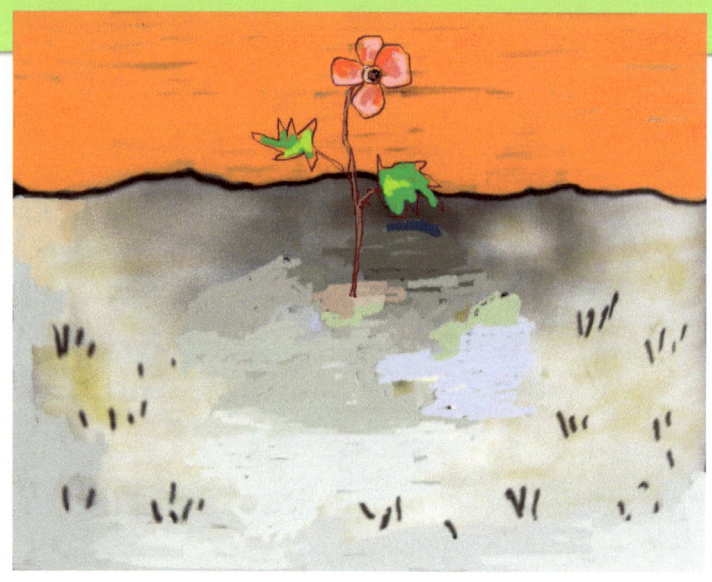

Désolation

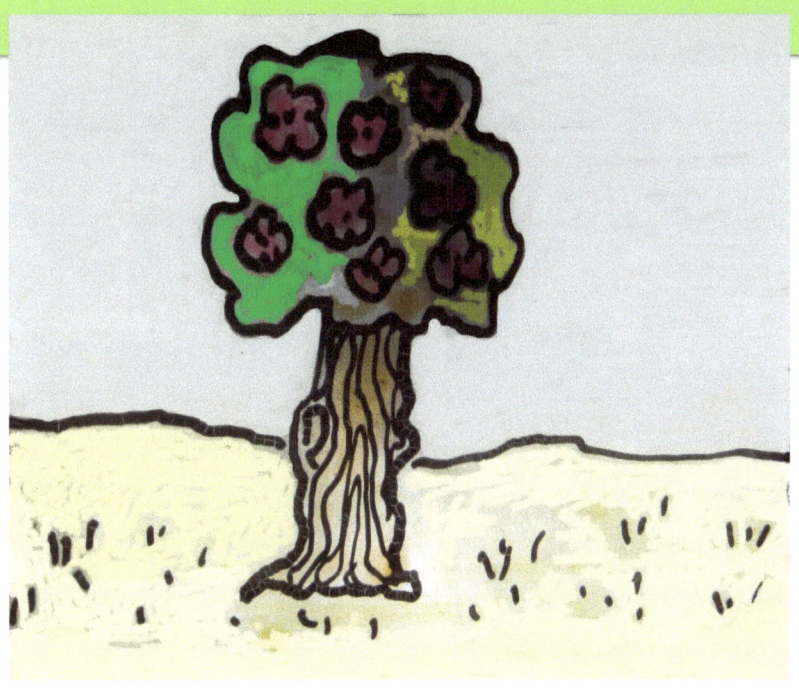

Peut-être ainsi

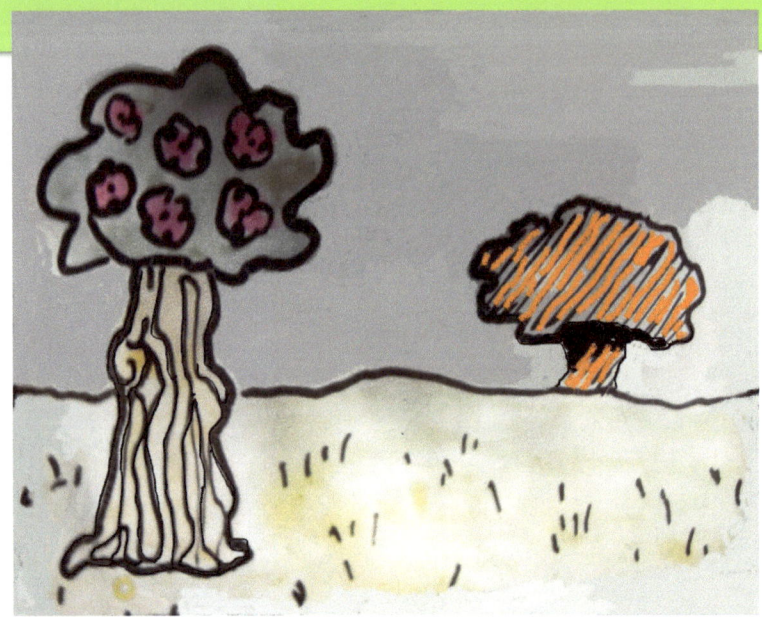

Hum, une bombe

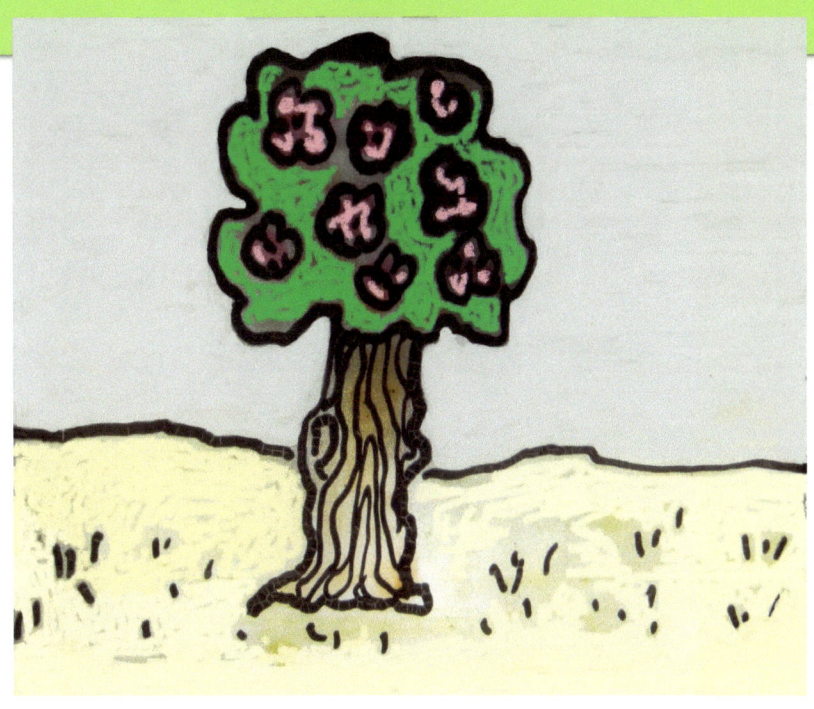

Mondialisation

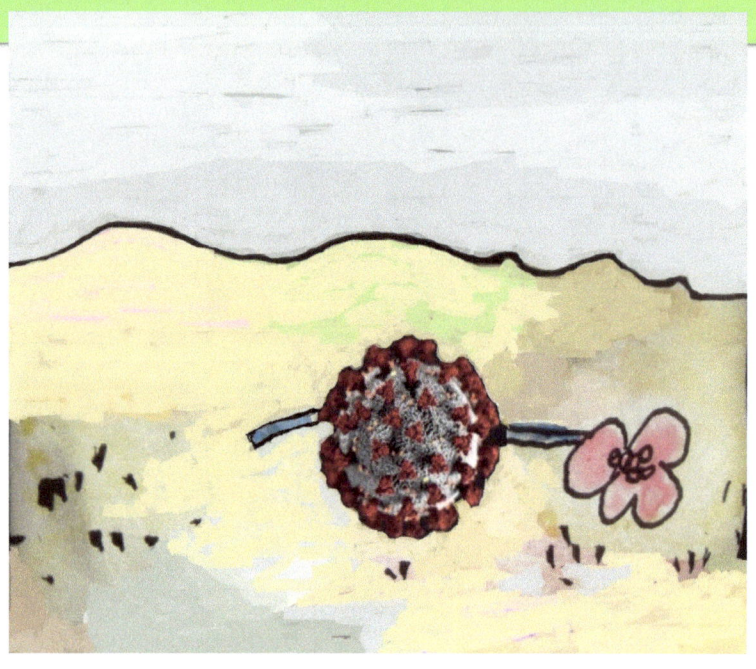

Oups

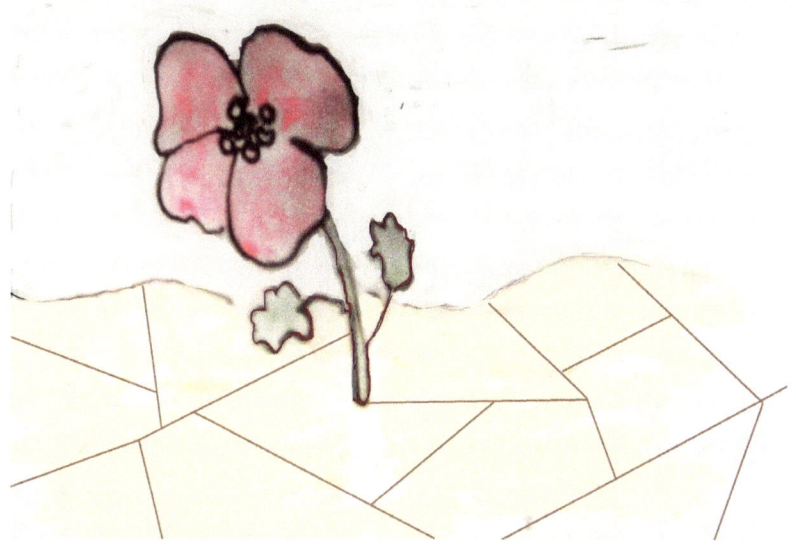

Toujours là.

Dessins de Ksenia Milicevic réalisés en 1980 sur la pellicule de diapositives et réactualisés en 2020 sur l’ordinateur

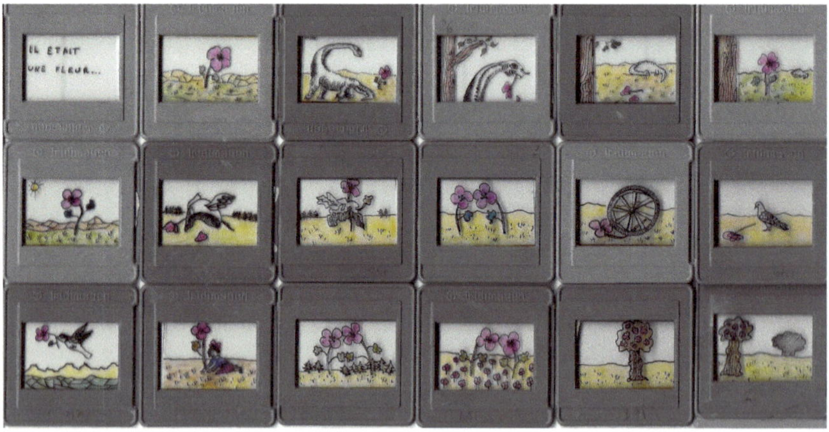
IL ETAIT
UNE FLEUR...

www.ingramcontent.com/pod-product-compliance
Lightning Source LLC
Chambersburg PA
CBHW040253220526
45473CB00001B/462